Te 135/170

LETTRE A M. DE L***,

SUR L'HOMŒOPATHIE.

 Exposé de la Doctrine de Hahnemann.

Monsieur,

Lors de notre dernière rencontre, vous m'avez prié de vous dire ce qu'était cette homœopathie qui occupe en ce moment, chez nous, l'attention publique. Cette même question est, plusieurs fois chaque jour, adressée à tous les médecins. Il s'agit de la santé, de ce bien si précieux et en même temps si fragile : n'est-il pas bien naturel que l'on s'en préoccupe ?

Pour satisfaire cette légitime curiosité, comme aussi parce que je crois grandement utile que chacun puisse se faire, à ce

1858

sujet, une opinion bien exacte, avec toute connaissance de cause, je vais, dans cette lettre, essayer de vous faire un court exposé de la doctrine homœopathique. Ce sera une réponse à tous, que vous me permettrez de vous adresser spécialement.

Disons d'abord quelques mots des circonstances dans lesquelles elle vit le jour. Hahnemann, son créateur, avait abandonné, depuis quelques années, l'exercice de la médecine, dans lequel il ne trouvait pas de moyens d'existence suffisants pour soutenir sa nombreuse famille, lorsqu'un jour, près du lit de souffrance d'un de ses enfants malade, s'étant, dans sa douleur, écrié : Non; Dieu, le plus sage et le meilleur des êtres, n'a pas pu permettre à la maladie de venir assiéger l'homme sans avoir créé des remèdes sûrs et certains pour la guérir ! Cette idée s'empara de son esprit; il y vit une révélation, et, du ton d'un prophète inspiré, il écrivit, sous la dictée de son imagination, les principes de sa fameuse doctrine, de cette médecine réformée « qui mène doucement et promptement les malades à une guérison durable, avec le secours d'un petit nombre d'agents simples, parfaitement connus, bien choisis et administrés à des doses minimes. » (Pag. 55, ORGANON.)

Voilà le programme qu'il se trace ; ne nous étonnons donc pas de son enthousiasme, et s'il s'écrie, en parlant de la vieille médecine d'Hippocrate, de « cet art fanfaron et assassin » : « Il était grand temps que la sagesse du divin Créateur et conservateur des hommes mît fin à ces abominations. — Il était grand temps qu'elle fît découvrir l'homœopathie. » (Pag. 55, *loco citato.*)

Parmi les médicaments employés, de tout temps, pour guérir les maladies, il en est quelques-uns qui produisent sur l'homme sain et malade des effets ayant une grossière analogie avec les symptômes de la maladie qu'ils ont le pouvoir de guérir. Pour prendre un exemple : certaines affections légères de l'estomac offrant des vomissements, entre autres symptômes, sont guéries par des vomitifs; c'est là un fait connu de toute antiquité. On en pourrait citer un certain nombre d'analogues, mais ne formant, à eux tous, qu'un groupe peu nombreux. C'est dans cette manière d'agir, par un effet semblable, que Hahnemann, généralisant des faits exceptionnels, a cru reconnaître une loi thérapeutique générale, le procédé unique et *sine quâ non,* d'après lequel les substances médicamenteuses guérissent les maladies ; c'est là la base de sa doctrine, à laquelle, naturellement, il a donné le nom d'homœopathie (mal semblable).

Ayant cru s'apercevoir que le quinquina déterminait chez lui une fièvre intermittente, mettant en opposition ce fait que le quinquina guérit cette même maladie, Hahnemann en conclut que toute maladie doit être guérie par le médicament qui est susceptible de donner, à l'homme sain, une maladie artificielle qui lui ressemble. Pour donner à cette proposition plus d'autorité, en la déguisant sous la forme d'un principe, il pose le théorème suivant : « Toute affection dynamique est éteinte d'une manière durable par une plus forte, lorsque celle-ci, sans être de même espèce, lui ressemble beaucoup dans la manière dont elle se manifeste. » (Pag. 116.)

« C'est pour cette raison que l'on couvre par le retentissement de la grosse caisse le bruit du canon qui porterait la terreur dans l'âme du soldat ; c'est pour cette raison que l'on étouffe, dans l'oreille compatissante des assistants, les lamentations du malheureux condamné au supplice des verges, par le son glapissant du fifre, marié au bruit du tambour. » (Pag. 117.)

Voilà comme on fait tous les jours de l'homœopathie, comme M. Jourdain faisait de la prose, sans le savoir. Voilà le principe solidement appuyé de bonnes preuves ; on peut déduire en toute sécurité.

« De là suit que la maladie ne peut être anéantie et guérie d'une manière *certaine, radicale, rapide* et *durable,* qu'au moyen d'un médicament capable de provoquer l'ensemble de symptômes le plus semblable à la totalité des siens, et doué, en même temps, d'une énergie supérieure à celle qu'elle possède. » (Pag. 117.)

Comment s'accomplit ce prodige ? Le voici :

« Le médicament, introduit par l'estomac ou par le nez, fait violence à l'instinctive et aveugle force vitale, et *son impression prend la place de la maladie naturelle* jusque-là existante, de telle sorte que la force vitale ne reste plus atteinte désormais que de la maladie médicamenteuse, laquelle est de courte durée. » (Pag. 118.)

J'avoue mon impuissance à comprendre de si profondes idées. Je ne puis qu'admirer le pouvoir de ce médicament qui fait violence à la force vitale, de ce médicament dont l'impression prend la place de la maladie naturelle. Une impression qui se substitue à une phlegmasie, à un cancer; une impression qui efface, pour se mettre en leur place, l'injection, la tuméfaction, l'ulcération des tissus! Tout cela est miraculeux. Je comprends qu'Hahnemann ait eu raison de dire « quand Dieu créa l'homœopathie. » Une si belle science a réellement une origine céleste.

La pathologie d'Hahnemann n'est ni moins admirable, ni moins simple. Pour lui, la maladie n'existe pas à titre de lésion, il n'y a que des symptômes. Il faut voir comme il s'élève contre la ridicule prétention de ceux qui cherchent dans l'intérieur de l'organisme le siége et la cause du mal qu'il faut guérir. « Ce qui se manifeste aux sens par les symptômes, n'est-il donc pas la maladie elle-même. » (Pag. 105.)

« La totalité des symptômes est la seule chose dont le médecin doive s'occuper, dans un cas morbide quelconque; la seule qu'il ait à combattre, par le pouvoir de son art, afin de guérir la maladie et de la transformer en santé. » (Pag. 107.)

« On ne saurait concevoir qu'après l'extinction des symptômes, il reste ou puisse rester autre chose que la santé. » (Pag. 107.) — De plus, il ne peut y avoir d'autre indication des remèdes à choisir que la somme des symptômes observés dans chaque cas individuel.

Singulière pathologie, qui exclut les données de l'anatomie, de l'anatomie pathologique; qui défend d'avoir égard au siége et à la nature des maladies, pour ne voir que ce qui frappe les sens, le symptôme. Qu'importe à l'homœopathe, quand vous avez un point de côté, avec de la fièvre, qu'il ait à traiter une pleurodynie, une pleurésie ou une pneumonie? Les symptômes appréciables à ses sens sont les mêmes; il ne cherchera pas autre chose. Ayez une céphalalgie, que ce soit une migraine ou une névralgie, qu'elle soit rhumatismale ou syphilitique, que vous y soyez sujet ou non, que vous soyez vieux ou jeune, homme ou femme, robuste ou cacochyme, le symptôme céphalalgie est tout ce qu'il voudra voir. Il n'a pas besoin d'en savoir davantage pour trouver un remède infaillible.

Et cette autre assertion, qu'en pensez-vous? Le symptôme disparu, il ne peut rester que la santé. Entre deux accès de fièvre intermittente, vous n'êtes plus malade; entre deux quintes de toux, vous n'avez plus de catarrhe, etc., etc.

Toutes ces idées sont les corollaires de ce principe : « Le désaccord de la force vitale produit seul toutes les maladies. Or, notre force vitale est un principe dynamique; les causes qui engendrent les maladies ne peuvent l'affecter que dynamiquement, et les remèdes ne le guérir que de même. » — Un principe qui se désaccorde, qui est malade; un principe qui est affecté par les causes morbifiques, tout cela ne vous semble-t-il pas étrange? — C'est pour cela que, pour Hahnemann, le symptôme est tout, et pour cela qu'il fait si peu de cas des notions, que nous nous donnons tant de peine pour acquérir, sur l'état normal et pathologique des organes, des tissus, etc. La raison que donne Hahnemann pour prouver sans réplique que le symptôme doit être tout, est assez singulière :

« Que devrions-nous penser de la sagesse et de la bonté du Souverain conservateur des hommes, s'il ne nous faisait clairement apercevoir ce qu'il est besoin d'enlever aux maladies pour les détruire et rétablir la santé; si ce qu'il est nécessaire de guérir se trouvait renfermé dans l'intérieur caché de l'organisme? » (Pag. 112.)

Cette raison, aussi pleine de bon sens que de science, doit convaincre les plus difficiles. Le symptôme est donc la seule chose dont le médecin doive tenir compte. « Or, l'expérience apprend que les symptômes sont aggravés par la méthode antipathique; il ne reste donc d'autre moyen que de recourir à la méthode homœopathique. » (Pag. 115.)

L'expérience pure lui a prouvé « que la puissance curative des médicaments est fondée sur la propriété qu'ils ont de faire naître des symptômes semblables à ceux de la maladie, et surpassant ceux-ci en force. »

L'observation et l'expérience sont pour Hahnemann d'une complaisance surprenante; elles disent tout ce qu'il veut. L'expérience lui a prouvé, dit-il; et quelle expérience ! La matière médicale où il en expose les fruits n'est qu'un roman où tout est illusion et fausseté; des demi-volumes sont consacrés à l'énumération de symptômes imaginaires, produits par une substance médicamenteuse sur l'homme sain, et personne, autre que lui ou ses disciples, n'a jamais pu constater la réalité d'un seul. Ce qui prouverait encore, au besoin, qu'Hahnemann s'est trompé, c'est que sa vie entière, et il ne commença cette étude qu'étant assez avancé en âge, sa vie entière, exclusivement consacrée à ces recherches, n'eût pas suffi à constater d'une manière scientifique la centième partie des faits qu'il donne comme certains. Et qu'est-ce qui vous empêche de vous convaincre en essayant vous-même ? Prenez de la bryone, dites-moi ce que vous éprouverez; prenez du taraxacum (pissenlit), du carbonate de chaux, de la silice, dites-moi ce que vous éprouverez ? Flairez une rose, et voyez si, comme l'assure Hahnemann, cela vous donnera une ophtalmie; prenez du quinquina, qui n'en a pas pris ! aurez-vous un accès de fièvre ? La réponse sera toujours négative, et par conséquent la base fondamentale de la doctrine est fausse, car son Créateur lui-même refuserait à un médicament le pouvoir de guérir, s'il n'a pas celui de produire une maladie artificielle toute semblable, mais un peu plus forte. Ainsi, les observations d'Hahnemann, erreurs; la puissance qu'il a attribué aux remèdes, néant; le pouvoir modificateur qu'il leur a trouvé, illusion; et tout cet échafaudage, contre la vérité et la conscience, élevé pour pouvoir avancer une hypothèse, car cette partie de sa proposition « les substances médicamenteuses ont le pouvoir de produire sur l'homme sain un ensemble de symptômes semblables à ceux de la maladie » fût-il vrai, il faudrait démontrer qu'ils guérissent les maladies dont ils reproduisent l'image.

Ecoutez encore, surabondance de preuves ne peut nuire : voulez-vous des faits que vous ne pourrez récuser ? Réunissons-nous; mettons-nous à la disposition d'un disciple d'Hahnemann, nous avalerons tous les globules qu'il voudra nous donner. Personne ne sera prévenu à l'avance de ce qu'il devra éprouver, il faut toujours se défier de l'imagination; si un seul de nous éprouve les symptômes notés par l'école d'Hahnemann, je me fais homœopathe. Mais mon défi frappe en vain les échos, seuls ils me répondront, car, croyez-le bien, les disciples ne sont pas aussi dupes de la doctrine comme ils s'en donnent l'air.

Que j'éprouve de peine à nier l'action de ces bons petits remèdes! Quelles séduisantes promesses Hahnemann nous fait en leur nom! Ils guérissent toutes les maladies, et quelle guérison! véritable, douce, certaine, durable; jamais dans l'ouvrage le mot guérison n'est écrit sans ce cortége d'amoureux adjectifs. « La santé se rétablit, quelque maligne et douloureuse que soit la maladie, en peu d'heures, par une transition rapide et insensible. » On n'a même pas la peine de se sentir guérir; comment ne pas s'étonner de ce que l'univers entier ne s'est pas encore soumis à cet aimable, délicieux, séduisant et merveilleux régime?

Hahnemann, qui a déjà, comme nous l'avons vu, tant simplifié l'étude de l'anatomie et de la physiologie, en les rayant du nombre des connaissances médicales, a voulu rendre le même service à la pathologie au point de vue étiologique; il n'aime pas à charger la mémoire de ses élèves. Pour lui, il n'y a que trois maladies chroniques: la syphilis, la sycose et la psore ou gale. Cette dernière absorbe à peu près tout: « La psore est la seule vraie cause fondamentale et productive des innombrables formes morbides qui figurent dans les pathologies sous les noms d'hystérie, démence, épilepsie, carie, cancer, jaunisse, goutte, hémorrhagies, asthme, phthisie, migraine, cataracte, etc., etc. » (pag. 80.)

« Le passage de ce miasme à travers des millions d'organismes humains, dans le cours de quelques centaines de générations, et le développement extraordinaire qu'il a dû acquérir par là, expliquent, jusqu'à un certain point, comment il peut se déployer sous tant de formes différentes. » (pag. 84.)

L'acarus de la gale était digne, en raison de ses dimensions microscopiques, de la préférence que lui accorde Hahnemann, pour en faire la base de sa pathologie. Mais, malheureusement pour sa gloire, il faut dire que le grand créateur fit ce choix, comme guérissaient Hippocrate et Sydenham, par hasard, puisqu'il ne connaissait pas l'acarus, et qu'il attribuait la psore à un miasme immense, et non à cet infiniment petit insecte : erreur bien capable de faire crouler l'édifice, si l'on y regardait de si près avec un semblable adversaire.

Ainsi, tenez-vous-le pour dit : vous êtes phthisique, c'est une gale modifiée; hydropique, cancereux, graveleux, rachitique, maniaque, etc., c'est une gale modifiée; en un mot, hors de l'ulcère spécifique de la syphilis qui caractérise celle-ci, et des excroissances, en forme de choux fleurs, qui décèlent la sycose, tout le reste n'est qu'une gale modifiée.

Quelle simplicité ? comme tout est admirable dans cette doctrine ! Vous comprendrez comment il se peut faire qu'au sortir des écoles où l'on n'a pu étudier que cette horreur d'allopathie, on n'en est pas moins, huit jours après, un homœpathe distingué. Il n'a pas fallu plus de temps pour oublier l'allopathie et apprendre l'homœpathie. J'ai entendu bien des personnes m'exprimer l'étonnement que leur causait cette transformation; elle leur paraîtra maintenant, je l'espère, toute naturelle.

Cependant, réservez encore un peu de votre admiration : nous arrivons à la partie la plus intéressante de la doctrine, à celle qui la caractérise le mieux, à sa thérapeutique appliquée. — Une fois le remède choisi, d'après le principe *similia similibus*, à quelle dose le donner? Aussi atténuée que possible, ce à quoi vous arriverez par le moyen des dilutions. Faisons-nous expliquer ce qu'on entend par dilutions : « Vous prenez deux gouttes, à parties égales, d'un suc végétal frais et d'alcool; vous les faites tomber dans quatre-vingt-dix-huit gouttes d'alcool, et vous donnez deux fortes secousses au flacon. Ayez ensuite vingt-neuf autres flacons contenant quatre-vingt-dix-neuf gouttes d'alcool, et dans chacun desquels vous verserez successivement une goutte de liquide contenu dans le précédent, en ayant soin de donner deux secousses à chaque flacon. » (Pag. 170.) Chacun de ces flacons représente une dilution ; ces dilutions peuvent être portées jusqu'à cent et au-delà (1). Car « il est presque impossible d'atténuer assez la dose d'un remède homœopathique pour que celui-ci ne soit plus susceptible d'amender, de surmonter et de guérir parfaitement la maladie qui lui est analogue. » (Pag. 160.) (2).

Merveilleuse propriété de ces remèdes de guérir parfaitement aussi peu qu'on en donne, même quand on n'en donne pas du tout !

Suivez-vous bien notre goutte de suc végétal médicamenteux au milieu de toutes ces dilutions ? La première a pour effet de la réduire au centième, la seconde au dix millième. Un dix millième de goutte c'est déjà bien peu, mais vous représentez-vous ce qu'est la trentième dilution ?

Dans celle-ci, la fraction de goutte est représentée par ce chiffre :

$\frac{1}{\text{1 suivi de soixante zéros}}$; lisez ce chiffre si vous pouvez ; je l'appellerai simplement un soixante zéronième.

Le chiffre qui exprime en lieues la distance de la terre au soleil, trente-quatre millions, est contenu plus de sept fois dans ce fabuleux dénominateur. Mais Hahnemann nous assure que, à l'exception du vin et de l'alcool, l'action de tous les autres remèdes s'augmente lorsqu'on les étend d'eau.

Et ne vous imaginez pas qu'un homœopathe aille imprudemment vous donner une dose de un soixante zéronième de goutte de suc d'herbe. — Pour qui les prenez-vous ? pour des témé-

---

(1) Pour la belladone, on les a portées jusqu'à quatorze mille.

(2) Pour les substances médicamenteuses solides, on en prend un grain (cinq centigram.) que l'on mélange avec quatre-vingt-dix-neuf grains de sucre, au moyen d'un nombre déterminé de tours de pilon, et cela constitue une dilution. On prend un grain de ce mélange que l'on ajoute à quatre-vingt-dix-neuf nouveaux grains de sucre, cela constitue la deuxième dilution ; et ainsi de suite jusqu'au nombre désiré de dilutions. Le médicament se donne en poudre ou en globules.

raires! « On prendra de petites dragées de sucre, de la grosseur d'une graine de pavot (vulgairement globule); trois cents de ces dragées sont suffisamment imbibées par une goutte. » (Pag. 285.) Une goutte de trentième dilution, divisée par trois cents! Vous croyez être au *nec plus ultra?* Ecoutez : « Et si on éprouve le besoin d'employer la plus faible dose possible, et cependant d'arriver au résultat le plus prompt, on se contente de faire faire une simple et unique inspiration, » c'est-à-dire que vous mettez votre globule dans un flacon que vous passez sous le nez de votre malade, et il est guéri. — Ce même flacon peut servir pendant plusieurs années sans avoir perdu sensiblement de sa vertu médicinale ; pour cela, vous l'admettrez, car on ne peut perdre ce qu'on n'a pas.

Et si maintenant, pour avoir une idée nette de ces opérations, vous vous représentez une goutte de suc végétal, de taraxaum (pissenlit), par exemple, laquelle contient déjà les quatre-vingt-dix-neuf centièmes de son poids de substances inertes ; si vous vous dites que c'est cette goutte que l'on porte à la trentième, à la millième dilution, c'est-à-dire qu'on divise par 1 suivi de deux mille zéros, et que c'est là ce qu'un homœopathe donne, sous le titre de haute puissance, imbibé dans un globule de sucre, à ses malades pour les guérir agréablement et sûrement, si vous représentez bien tout cela, convenez que cette bonne nature, tant maltraitée par Hahnemann, est pour quelque chose dans les guérisons dont on fait honneur à sa doctrine ; et comprenez aussi que je parle très sérieusement en proposant à un homœopathe d'avaler toute sa pharmacie, contînt-elle quatre millions de globules d'arsenic à la trentième dilution seulement.

Mais continuons. Avez-vous pris garde à ce précepte, formulé dans la citation faite plus haut, de ne secouer chaque flacon que deux fois? Il a une grande importance; car la succussion exalte l'énergie des propriétés des médicaments à un degré effroyable, et peut leur communiquer une incalculable puissance. Dans le principe, Hahnemann imprimait au flacon jusqu'à dix secousses; que de malheurs n'ont pas dû en résulter! L'expérience lui a appris depuis qu'il n'en fallait donner que deux à chaque dilution, pour que le développement de la force médicinale n'allât pas au-delà de toutes bornes.

Aussi l'homœopathe vous recommande-t-il de ne pas imprimer de secousses, même en marchant, au meuble sur lequel est placé, dissous dans un verre d'eau, le précieux globule ; voilà pourquoi je tremble quand je vois passer, marchant d'un pas précipité, un homœopathe qui porte sa pharmacie dans sa poche.

D'après ce principe, une plante arrachée au rivage, diluée à l'infini dans l'eau du fleuve, battue par les flots, doit communiquer à ses eaux un degré inouï de puissance. Comment ne pas s'étonner ensuite de ce qu'un seul homme survive, ou ne soit pas bouleversé, en buvant ce liquide si hautement médicamenteux.

A ceux qui seraient disposés à rire de ses élucubrations, Hahnemann répond par des preuves de même force que ses assertions :

« Qu'ils se fassent, dit-il, appliquer doucement au creux de l'estomac, pendant quelques minutes, l'extrémité du pouce d'un magnétiseur qui a fixé sa volonté, et la sensation désagréable qu'ils éprouveront les fera bientôt repentir d'avoir voulu assigner des bornes à l'activité de la nature. » Ou bien encore : « Qu'ils pèsent les paroles injurieuses qui provoquent une fièvre bilieuse, etc. »

Vous venez de voir qu'Hahnemann accorde sa confiance au magnétisme ; il lui assigne un rang honorable dans sa thérapeutique, en atténuant aussi ses doses. « Sous cette forme (une seule passe exécutée, la volonté médiocrement tendue, en glissant lentement le plat des mains sur le corps, depuis la tête jusqu'au bout des pieds), le mesmerisme convient dans les hémorraghies utérines, même à leur dernière période, quand elles sont sur le point de causer la mort (293.) » Voyez-vous l'homœopathe devant une malade dont la vie s'écoule, dans des flots de sang, avec la rapidité de la foudre ! Il est là tranquille, ne trouvant rien de mieux à faire que de lui passer les mains appliquées à plat sur le corps, depuis le sommet de la tête jusqu'aux pieds. Mais cette inaction est un crime ! Ah !

vos théories me font rire, hahuemanniens; mais votre pratique m'indigne et me fait trembler.

Et voilà cette doctrine qui se glisse à la faveur de l'ombre qui l'entoure et des promesses menteuses qu'elle jette à la crédulité de ceux qui souffrent! Vantez-la maintenant que vous la connaissez.

Mais finissons-en avec elle. Vous m'allez objecter des faits de guérisons merveilleuses. Les théories sont absurdes, j'en conviens, me direz-vous; mais la gastrite de M. X..., la goutte de M. Z... et M. Y..., que tout le monde avait abandonné, ceux-là sont guéris, bien guéris par les globules. Qu'avez-vous à répondre?

Cher ami, n'est-il pas vrai qu'il y a des faits bien surprenants et cependant bien naturels? C'est ceux-là qu'exploitent tous les charlatans du monde. Les partisans du magnétisme, ceux qui croient que la somnambule qui, le matin, en sait tout juste assez pour faire son ménage, acquiert subitement, sous l'influence des passes de son compère, un don surnaturel qui lui permet de percer de son regard les murailles, les montagnes, de le plonger au centre de la terre, de posséder, en un instant, toute science, de voir vos organes fonctionner à découvert pour elle, de saisir la cause de vos maux et d'en découvrir le remède; ceux qui croient à tout cela, bien mieux qu'aux connaissances péniblement acquises, et qui ne donnent jamais le pouvoir de faire des miracles, vous citent mille faits surnaturels qui prouvent la clairvoyance, mille cures de maladies mortelles où avaient échoué tous les efforts de la science, voire même ceux de l'homœpathie, les croyez-vous?

Ceux et celles qui consultent volontiers les sorciers, lesquels conjurent le mal et chassent les mauvais esprits, vous citeront mille faits authentiques qui prouvent la réalité et l'efficacité du savoir de ces habiles praticiens. Les croyez-vous?

Les esprits frappeurs se font aujourd'hui comme guérisseurs une assez belle réputation. Y croyez-vous?

Croyez-vous davantage aux guérisons miraculeuses obtenues par le moyen des eaux de certaines bonnes fontaines, des eaux de la Salette, des huiles qui suintent de certains os vermoulus?

Pourtant des malades vous diront : le magnétisme m'a guéri, le sorcier, le rebouteur, l'esprit frappeur, etc., m'ont guéri. Et d'abord, les trois quarts de ces faits sont faux, ou bien le diagnostic de la maladie a été mal établi ; on a dit au patient qu'il avait une gastrite, quand, en réalité, il n'avait qu'un embarras gastrique, etc. Ou bien, ce qui est aussi fréquent, les personnes que l'on dit être guéries ne le sont pas.

Pour les faits de guérisons réelles, ils trouvent une explication toute naturelle, en dehors de l'intervention du médicament homœpathique, dans la marche de la maladie, l'influence des traitements antérieurs, celle du régime et d'une hygiène convenable, de l'imagination du malade ; d'ailleurs, et j'en reviens toujours là, qu'on me prouve que le globule a sur l'homme sain l'influence que lui attribuent Hahnemann et ses disciples ; dans ce cas, l'expérience est facile et sera concluante, et j'admettrai ensuite tant qu'on voudra son action sur le malade.

Vous ne doutez plus, néanmoins écoutez encore. On entend toujours les adeptes crier à l'intolérance des médecins. Ceux-ci ont-ils été intolérants pour l'hydrothérapie, venue au monde sous le patronage d'un paysan allemand, et qui tient aujourd'hui un si haut rang dans la thérapeutique ? Ont-ils été intolérants pour l'électricité ? L'ont-ils été pour l'homœopathie elle-même ? Les expériences publiques ne lui ont pas manqué. M. Andral en a fait à la Charité : il n'a rien obtenu ; M. Bailly confia à l'Hôtel-Dieu, pendant plusieurs mois, à un homœopathe célèbre, un certain nombre de ses malades. Les remèdes venaient de l'officine où se fournissait Hahnemann lui-même. Un jour, l'homœopathe ne reparut plus, abandonnant honteusement les malades qu'il ne pouvait guérir. En 1830, à Lyon, trente lits furent mis à la disposition d'un homœopathe qui, en présence de médecins et d'élèves, expérimenta son traitement, et dut, faute de résultat, se retirer au bout de quelque temps, alléguant que les miasmes de l'hôpital l'empêchaient de réussir. A Naples, à Saint-Pétersbourg, on permit des expériences publiques ; on dut bientôt les défendre. Voilà des faits, j'imagine, et des plus sérieux. Toutes les fois qu'il y a eu un contrôle sérieux, l'homœopathie a échoué.

Ne me demandez pas comment il se trouve des médecins pour l'exercer. Je ne pourrais vous répondre, car je veux respecter les convenances. Si vous vous étonnez de ce qu'il se trouve des dupes pour y croire, je vous rappellerai qu'il s'en trouve pour croire à tout. Nous sommes, dit-on, dans un siècle de lumières; comptez les absurdités qui ont fait fortune de nos jours. Faut-il vous énumérer les tables tournantes, les esprits frappeurs, les âmes revenant de l'Elysée ou du Ténare pour causer avec les modernes cagliostros, en séance publique, à tant par personne ?

> Eh! quel temps fut jamais plus fertile en miracles!

Les magnétiseurs ne peuvent suffire à toute l'occupation qu'on leur donne; il y a foule chez les devineresses; l'homœopathie, elle-même, a de nombreux clients. Je m'arrête; je vous assure, du fond du cœur, que ce spectacle me fait peine. Quelle démoralisation! quelle audace d'un côté! quelle folle crédulité de l'autre!

Je termine ici cette lettre déjà bien longue, et pourtant, que de traits j'aurais encore voulu ajouter, pour vous faire bien connaître cette homœopathie. De combien d'erreurs absurdes et ridicules j'aurais encore pu vous faire rire. J'aurais voulu vous parler du charbon qui rend l'humeur chagrine, donne le dégoût de la vie et fait venir une bosse au front; de l'or, dont un décillionième de grain rend un homme, affecté du spleen, le plus heureux des mortels et le plus content de vivre.

J'aurais voulu vous dire les propriétés merveilleuses de l'arnica, qui donne de la facilité à sentir et à prodiguer l'injure, et dont Hahnemann avait toujours pris une dose quand il écrivait sur l'allopathie; du platine, qui fait trouver les autres d'une petite taille et soi-même d'une haute stature; de la bryone, qui fait sentir des picotements à la fossette du cœur quand on fait un faux pas, et qui rend l'humeur violente et irascible. Pauvre bryone, que de calomnies! Vous auriez compris comment, avec une imagination pareille, Hahnemann a pu remplir des volumes de l'énoncé de semblables symptômes attribués à ces substances; mais il est temps de finir, en vous remerciant de la bienveillante attention que vous m'avez prêtée, et en vous souhaitant, pour vous en témoigner ma gratitude, que Dieu vous garde des homœopathes.

Recevez, etc.

Dr A. THOUVENET.

www.ingramcontent.com/pod-product-compliance
Lightning Source LLC
Chambersburg PA
CBHW061611040426
42450CB00010B/2430